AF247820

NOTICE HISTORIQUE

LIBRAIRES.

VESOUL. Victor PERNIN, librairie classique.
GRAY. CAUSSADE, librairie classique.
CHAMPLITTE. CAILLET, librairie-papeterie.
PARIS. FAURE, libraire. rue de Rivoli, 166.

Paris.—Imprimé chez Bonaventure et Ducessois, 55, quai des Augustins

NOTICE HISTORIQUE

SUR LA PETITE VILLE

DE CHAMPLITTE

ET SES ENVIRONS

SUR SON CHATEAU

ET LA NOBLE FAMILLE DE TOULONGEON

PAR

L. P. GIBAUX

DE MARGILLEY,

Auteur de la Monographie de l'écriture, du Traité complet de comptabilité industrielle, etc., etc.

⸎

PARIS

IMPRIMÉ CHEZ BONAVENTURE ET DUCESSOIS

55, QUAI DES GRANDS-AUGUSTINS.

—

1865

J'ai écrit et publié cette *Notice* sans autre préten-
tion que celle de rendre un modeste témoignage de
mon attachement au pays qui m'a donné le jour, tout
en faisant connaître quelques notions historiques qui
le concernent et qui sont restées dans l'oubli.

Entre autres faits, je cite ceux qui ont rapport au
château de Champlitte, dont on a négligé, si je ne
m'abuse, de mentionner l'importance au point de vue
de l'art et de l'histoire ; ceux qui se rattachent à la
ville de Champlitte, en particulier, et au château de
Margilley qui, dans les temps anciens, ont eu une
destinée commune.

Je joins à ces faits la biographie des célèbres *Laire* et *Boy*, tous deux enfants du pays qu'ils ont illustré par leur érudition, leur science et leur dévouement patriotique, et un aperçu généalogique de la noble *famille de Toulongeon*, dont l'ancienneté et la valeur guerrière ne sont point les moindres titres à l'admiration et à l'estime de mes compatriotes, la plupart de ses membres s'étant élevés dans les plus hautes fonctions publiques, soit à l'armée, soit dans la magistrature, soit à la cour des rois de France. Un de ses dignes rejetons n'est-il pas aujourd'hui, auprès de l'auguste personne de l'Empereur, le représentant de la constante fidélité que ses ancêtres avaient vouée à nos souverains?

Cette *Notice* n'est donc qu'un souvenir du passé que j'offre à mes concitoyens, non-seulement comme une tradition respectable faisant revivre notre ancienne histoire, et qui doit être chère à nos cœurs, mais encore comme un précieux enseignement dont le présent peut avoir à profiter.

C'est uniquement dans ce double but que je me suis fait simple chroniqueur de mon petit pays. Je serais donc heureux si cette *Notice* obtient un accueil bienveillant de la part de mes compatriotes!

NOTICE HISTORIQUE

I

LA PETITE VILLE DE CHAMPLITTE, SON ORIGINE ET SES TRANSFOR-
MATIONS.—PERSONNAGES CÉLÈBRES QU'ELLE A PRODUITS.—CHAM-
PLITTE-LA-VILLE.—ÉGLISE DE CE VILLAGE.

Le canton de *Champlitte* est situé vers la partie la
plus occidentale du département de la Haute-Saône,
lequel, sous le rapport des voies de communication,
est traversé par un embranchement secondaire de la
ligne de Vassy, Chaumont, Vesoul, Belfort et Mulhouse, et se relie à la principale ligne de Paris à
Mulhouse. Cet embranchement passe par Langres,
Chalindrey, Maatz, *Champlitte* et Gray, devant joindre ensemble les deux lignes de Paris—Troyes—Belfort et de Paris—Dijon—Belfort.

Aujourd'hui, en suivant la route de terre qui se dirige de Langres à Gray, le voyageur peut voir un monticule qui se dresse devant lui sous une forme pittoresque et qui est surmonté de hautes et vieilles murailles, dont la silhouette se découpe à travers l'horizon : c'est le *château de Champlitte*, dont nous raconterons bientôt l'histoire.

Champlitte, chef lieu de canton, à vingt-quatre kilomètres de Gray, et dont la population s'élève à 3,936 habitants, est une jolie petite ville assise sur la croupe et le penchant de cette même colline au sommet de laquelle s'élève le château ; à ses pieds coule la petite rivière du *Salon*, si renommée pour ses carpes qui n'ont d'égales, au dire des gourmets, que celles de la Saône. Dans le chiffre de sa population se trouvent compris, comme étant dans ses dépendances, le Prélot, la ferme de Bellevoie, le moulin de Branchebeau, la ferme du Chaperon, celle de la Chamoiselle, la maison du Poirier-Ferré et la ferme du Rhône.

Aujourd'hui, *Champlitte* a trois désignations différentes, qu'il importe de bien distinguer, et qui sont : *Champlitte-et-le-Prélot*, comprenant ce que nous appellerons l'*ancien Champlitte*, celui que nous décrivons en ce moment ; *Champlitte-la-Ville*, petit village de 253 habitants, situé à peu de distance de ce dernier, auquel il se rattacherait par son origine et sa fondation; et *Neuvelle-lès-Champlitte*, autre localité qui n'a d'autres rapports avec les deux précédents que par le nom qui sert à le désigner.

Champlitte-et-le-Prélot, qui est l'ancien *Cham-plitte*, se divise en deux parties : l'une surgit sur la colline, et se nomme *Champlitte-le-Château;* l'autre, qui s'étend sur les bords de la rivière, est la ville proprement dite, à laquelle on joint administrativement le petit village *le Prélot*, ce qui explique le nom composé qu'elle porte de nos jours.

La fondation de *Champlitte* est très-ancienne; son nom, qui fut longtemps *Chamlitte*, indiquait, dans le langage celtique, sa situation entre deux coteaux (*an*, coteaux, *eplith*, entre). S'il faut en juger, toutefois, par les seigneurs qui en portaient le nom, on voit qu'au ixᵉ et au xᵉ siècles les seigneurs de *Cham-plitte* figurent dans les actes qui concernent le règne de Lothaire, à l'époque du démembrement de l'empire de Charlemagne.

Sous le gouvernement des ducs de Bourgogne, alors que cette contrée faisait partie de leurs États, les seigneurs de *Champlitte* sont désignés, en outre, dans un grand nombre de négociations où ils étaient convoqués comme vasseaux des ducs, exerçant une haute influence féodale.

Aussi, ce nom de *Champlitte* fut-il porté par tous les seigneurs de cette localité, jusqu'en 1228, époque où il passa dans la maison de Vergy, avec laquelle les sires de Toulongeon eurent des alliances, et c'est, sans doute, par suite de ce fait, que ces derniers en devinrent plus tard suzerains. La famille de Vergy possédait, en même temps, les seigneuries d'Autrey et de Fouvent. Guillaume I*, sénéchal de Bourgogne, en avait acheté alors la moitié pour 7,200 livres parisis, et Jean I*, son petit-fils, acquit l'autre moitié en 1289. Nous voyons déjà qu'en 1424, *Champlitte* était le siége d'un bailliage seigneurial dont le ressort s'étendait aux terres de Mont, Franois, Margilley, Neuvelle, Montarlot et Leffond. Ce bailliage était considéré comme un des plus importants de la province.

En définitive, le domaine de *Champlitte* fut érigé en comté par Philippe II, roi d'Espagne, en 1574, et il est à remarquer que la maison hispano-autrichienne attacha toujours une grande importance à sa possession et à sa conservation. C'est ainsi que Charles-Quint avait fait entourer la place de larges fossés et de solides murailles flanquées de tours, dont il ne reste que quelques ruines. Les Toulongeon ayant succédé, comme seigneurs du lieu, aux princes d'Arenberg et de Lislebonne, « habitaient, à l'époque « de la Révolution, un château de construction plus « moderne, qui sert maintenant d'hôtel de ville, » ajoute Abel Hugo, dans son *Voyage en France*.

C'est là une erreur. Les ruines de l'ancien château subsistent toujours; seulement on en a restauré une partie qu'on a appropriée pour en faire un hôtel de ville, une école de sœurs, etc. ; mais on n'a pas reconstruit, à notre connaissance, et il n'existe pas de château moderne. On a utilisé, nous le répétons, tant bien que mal une partie de l'ancien, dont les restes se voient encore avec leur caractère primitif de vétusté.

Sous Louis XI, la ville de *Champlitte* et le village de *Margilley*, situé dans son voisinage, souffrirent considérablement des maux de la guerre; la première fut réduite à dix ou douze maisons. Jusqu'alors elle avait été très-florissante; chef-lieu d'un comté, elle devait s'étendre depuis la colline, le long du *Salon*, jusqu'à l'endroit, peut-être, où se trouve aujourd'hui le village de *Champlitte-la-Ville*, qui ne serait qu'un reste de son ancienne splendeur. Plus tard, Henri IV assiégea son château sans succès, en 1595, ou plutôt le prince français leva le siége de la place moyennant une contribution de 8,000 écus, son armée se trouvant alors dans un état déplorable ; et le duc de Saxe-Weymar, sous Louis XIV, prit la ville par capitulation, en 1637, et la rendit peu de temps après. Telle n'est pas la version d'un manuscrit de l'époque, qui rapporte qu'en 1636, « le duc de Weymar ayant fait « le siége de Champlitte, fut forcé de le lever par

« suite du courage du comte de Galas, qui en chassa
« les assiégeants, après trois jours, de la part des ha-
« bitants, d'une résistance opiniâtre. » Le duc d'An-
goulème s'en empara, à son tour, en 1638, et la brûla
entièrement, ainsi que le château. La peste et la
famine étant venues se joindre aux horreurs de la
guerre, la population de cette malheureuse cité fut
réduite à un quart de ses habitants.

Telle fut sa quatrième ruine.

Nous avons dit que *Champlitte* fut érigé en comté,
en 1574, par lettres patentes de Philippe II, roi d'Espagne, et cela sous la période que nous appellerons
hispano-allemande. C'est aussi pendant cette triste
période que cette ville éprouva tous les désastres qui
affligèrent la Franche-Comté. Elle fut quatre fois
prise et reprise par les Français et par les Espagnols,
qui se la disputèrent alternativement, selon les revi-
rements de la politique turbulente de ce siècle. De
plus, en 1601, elle fut brûlée et pillée, « au point,
« disent les chroniques de Bourgogne, qu'il ne resta
« pas de traces d'habitations, sauf le château qui sub-
« sista au milieu des ruines amoncelées par la guerre,
« à la suite d'un siége qui dura trois mois. »

Mais après la pacification entre les deux Bourgogne, opérée en 1642, cette malheureuse ville put
jouir d'un calme dont elle avait été privée depuis plus
de trente années, et ses habitants purent s'occuper

enfin à la relever de ses ruines, de sorte que la ville actuelle de *Champlitte* ne date, à proprement parler, que de l'année 1642, époque à laquelle Louis XIV, ayant fait la conquête de la Franche-Comté, elle fut, comme celle-ci, réunie pour toujours à la France.

« Ce fut pour cette contrée, dit Mézeray, un grand « bonheur que le roi se montrât bienveillant à son « égard. S'il eût voulu exercer contre elle son légi- « time ressentiment, il n'eût pas subsisté un seul « vestige de villages, d'habitations ni de châteaux. »

Une fois délivrée des malheurs de la guerre et placée sous l'autorité des rois de France, *Champlitte* ne tarda pas à recouvrer son ancienne importance. Elle eut d'abord un prieuré à la nomination du roi qui l'aida puissamment à se reconstituer avec ses droits primitifs. Grâce au sire de Vergy, cette ville obtint du roi non-seulement des allégements d'impôts, mais encore des gratifications pécuniaires qui permirent à ses habitants de pouvoir rebâtir leurs maisons incendiées. Son église fut, en outre, érigée en collégiale, ce qui, dans l'ordre ecclésiastique, lui donna un rang éminent, tout en aidant à sa prospérité future. Un couvent de capucins y fut enfin installé, à la grande satisfaction des habitants, qui se livrèrent à une intelligente culture des terres.

Pour comprendre l'importance de ces institutions ecclésiastiques, il faut se reporter à cette époque où, pour les cités comme pour les individus, le seul moyen de prospérité était dans les faveurs du roi et dans les priviléges de l'Église. Privée de ces deux éléments de vitalité féodale, *Champlitte* ne se fût jamais relevée de ses ruines.

La prospérité de cette petite ville était déjà un fait accompli longtemps avant la révolution de 1789, s'il faut en juger par l'auteur du *Traité sur le revenu vinicole de la Bourgogne*. Il est dit, dans cet ouvrage, que les vignes de cette contrée sont une de ses principales richesses territoriales, et que leurs produits forment, pour certaines localités, une branche importante de commerce. Parmi ces localités, il cite notamment *Champlitte*, qui, en 1781, fournissait le meilleur vin de la contrée de Gray, et qui avait, la première, donné l'exemple de brûler le marc de raisin pour en extraire l'eau-de-vie.

« Mais les vins de *Champlitte* et de *Gy*, ajoute-t-il, « sont bien déchus de leur ancienne réputation, de- « puis qu'on y a introduit une trop grande quantité « de gros plants. »

L'ancienne importance de cette petite ville s'établit encore par les hommes illustres qu'elle a produits dans les temps modernes. On sait que les princes d'*Achaïe* et de *Morée* étaient issus de *Champlitte*, et qu'ils en portaient le nom du temps des croisades.

Le célèbre chirurgien *Boy* (Simon) était né également à *Champlitte*, où il mourut en 1789. Il est auteur d'un ouvrage intitulé : *Abrégé sur les maladies des femmes grosses et de celles qui sont accouchées.* Ce livre est rempli d'observations judicieuses et fort estimé.

Son fils, *Boy* (Adrien-Simon), marcha sur les traces de son père. Il fut nommé chirurgien en chef de l'armée du Rhin, et mourut dans la force de l'âge, à Alzey, près de Mayence, après avoir publié plusieurs brochures sur son art. La plus estimée est celle qui a pour titre : *Du Traitement des plaies d'armes à feu.* C'est Adrien *Boy* qui a composé le chant si célèbre : *Veillons au salut de l'Empire*, qui, comme sentiment patriotique et comme poésie, peut être mis sur le même rang que la *Marseillaise*, de Rouget de Lisle.

Nous citerons encore comme enfants de cette cité : *Crétenet* (Jacques), savant chirurgien qui entra dans l'état ecclésiastique après avoir perdu sa femme. Il fut le fondateur des prêtres-missionnaires de Saint-Joseph de Lyon, et mourut le 3 septembre 1666, à l'âge de soixante-trois ans. Le colonel de génie *Henry* était né aussi à *Champlitte;* il faisait partie du corps d'armée d'Espagne commandé par Suchet, lorsqu'il fut tué, en 1811, durant le siége de Valence, en visitant la tranchée devant la place en feu.

Champlitte est également la patrie du chanteur *Naudet*, qui s'est fait sur nos premières scènes lyriques une réputation justement méritée comme ténor. Toutes les illustrations, comme on voit, ne lui ont pas manqué.

De nos jours, la principale richesse de cette petite ville consiste, ainsi que nous l'avons déjà fait observer, dans les vins estimés de son territoire. Elle possède encore quelques fabriques de tissus pour bretelles et des distilleries d'eau-de-vie.

Avant la révolution de 1789, on comptait dans cette ville quatre corporations religieuses : un chapitre qui datait de 1439, et qui se composait de dix chanoines; un couvent de capucins et un monastère d'Annonciades célestes, fondés en 1619. Il possédait encore anciennement un hôpital situé à peu près où est l'hôpital actuel. Il fut érigé en hôpital royal par lettres-patentes du mois de juin 1727, et en 1780 il devint hôpital militaire desservi par cinq hospitalières de Sainte-Marthe. Chef-lieu d'un district qui comprenait sept cantons, en 1790, *Champlitte* possède aujourd'hui une justice de paix, trois notaires, un bureau d'enregistrement, une église curiale de deuxième classe, et un bureau de perception, dont elle est le chef-lieu.

Ainsi, sous tous les rapports, historiques, moraux et industriels, *Champlitte* mérite, sans contredit, d'occuper une place distinguée dans les annales des localités célèbres de la France.

Le village appelé *Champlitte-la-Ville*, très-distinct du précédent qui est chef-lieu de canton, mérite également une mention toute particulière dans cette *Notice*, ainsi que nous l'avons fait observer plus haut. On se demande, d'abord, comment ce petit village de 253 habitants, situé entre *Champlitte* et *Margilley*, à un kilomètre environ de distance de l'une et de l'autre, est-il désigné sous le nom de *ville?* D'après nos recherches particulières, nous sommes porté à croire que *Champlitte-l'Ancien*, à partir du château, s'étendait autrefois jusqu'à cet endroit, et que, par suite des guerres et des désastres que cette seigneurie éprouva, la partie intermédiaire fut ruinée, et qu'il ne subsista que celle qui compose aujourd'hui le village improprement nommé *Champlitte-la-Ville*. Dans la suite des temps, ce dernier nom fut conservé, quoique la partie basse du château vînt à se repeupler et, par conséquent, à être habitée successivement.

Ce qui nous porte à émettre cette opinion, c'est d'abord le nom lui-même de *ville*, qu'a conservé cette localité malgré toutes les vicissitudes des siècles à travers lesquels elle est passée; c'est ensuite l'église qu'elle possède qui est très-remarquable sous tous les rapports. Or, le style roman qui caractérise ce monument religieux, témoigne en faveur de son ancienneté. La partie extrême du chœur, qui s'offre aujourd'hui sous un aspect grandiose, avait été obstruée, on ne sait pour quel motif, par un mur construit à une époque indéterminée, de sorte qu'au lieu d'être de forme elliptique ou ovale, le chœur se trouvait disgracieusement coupé par cette étrange bâtisse. Il y a environ une vingtaine d'années, on eut l'idée de percer cette muraille, et on se trouva en face des murs du chœur, qui se continuaient d'après le plan primitif; on le déblaya de cet affreux barrage, et il s'offre aujourd'hui en parfaite harmonie avec le monument religieux, dont la fondation remonte au moins vers le xe siècle.

Les restes d'une construction qui était contiguë à l'église témoignent encore que ce lieu a dû posséder soit un couvent, soit un prieuré, celui-là peut-être dont il a été parlé plus haut, ce qui confirmerait, au surplus, notre opinion à l'égard de son importance historique.

Quoi qu'il en soit, le village de *Champlitte-la-Ville* nous paraît réunir toutes les probabilités nécessaires pour faire supposer, à juste titre, qu'il a été anciennement le siége de la seigneurie des suzerains du château, et que c'était là que se trouvait primitivement *l'ancienne ville de Champlitte*. Il a été déshérité plus tard de ce titre par suite des révolutions et des transformations nombreuses qu'a éprouvées cette contrée; mais ce qui restait de la localité n'en a pas moins conservé le nom de *ville*.

II

Nous avons dit qu'un château, qui a fait donner à la partie haute de la ville le nom de *Champlitte-le-Château*, s'élevait sur le sommet de la colline. On peut y voir, en effet, ses vieilles et curieuses ruines qui commandent les environs. Quel est le caractère de son architecture ? A quelle époque remonte sa fondation ? C'est ce que nous allons rechercher, en nous aidant de l'histoire et de la tradition.

S'il faut s'en rapporter au style du monument en lui-même, il est évident qu'il doit remonter, par sa fondation, au ix° ou au x° siècle. Sa tour carrée, ses portes surbaissées et la cour intérieure entourée de murailles percées de meurtrières, attestent l'époque la plus ancienne de l'architecture, celle que l'on appelait gothique.

Vers les ix° et x° siècles, en effet, toute cette partie de la Franche-Comté, connue d'abord sous le nom de Séquanie, était troublée par des guerres incessantes. Pour se défendre contre les attaques, soit des Franks, soit des Bourguignons, les suzerains du pays, pour conserver leur indépendance, bâtissaient sur les points élevés de leurs terres des châteaux qui étaient de véritables forteresses. A cet effet, ils ne négligeaient rien pour les rendre imprenables. Le château de Champlitte a été construit dans de pareilles conditions. Ses murailles sont épaisses, et le plan sur lequel on les a élevées témoigne qu'on voulait commander toute la contrée dont il était le centre. *Le puits que l'on remarque dans la cour est si profond, qu'il a fallu, pour trouver l'eau, percer la colline jusqu'au niveau de la rivière.* Preuve incontestable que le château n'avait été fondé que dans des conditions telles à pouvoir soutenir un long siège.

L'histoire vient, au reste, confirmer cette opinion. « Louis XI, dit Commines, ayant voulu se rendre « maître de la Franche-Comté, envoya en cette pro- « vince une armée puissante qui assiégea et prit

« d'abord Dôle. Puis, elle fit la conquête de toutes
« les autres villes qui succombèrent, à l'exception de
« Besançon et de quelques châteaux forts..... Au
« nombre de ces derniers était le château de Champ-
« litte, peu distant de la ville de Gray. Pendant deux
« mois, une partie de l'armée, commandée par le
« maréchal de Rochegune, en fit le siége inutilement.
« Cinq assauts furent repoussés, et l'on allait envoyer
« d'autres troupes pour tenter un dernier effort,
« lorsque les assiégés, à la tête desquels se trouvait le
« sire de Vergy, finirent par capituler. Ce siége avait
« occasionné de grandes pertes à l'armée française
« qui fut bien aise d'être délivrée de ces corvées
« qui arrêtaient sa marche. Les siéges de quelques
« uns de ces châteaux coutèrent plus au roi que ceux
« de cent villes. »

Sous le règne de Charles-Quint, c'est-à-dire pendant la période hispano-allemande, le château de
Champlitte eut encore beaucoup à souffrir de la
guerre, et y joua un rôle très-important, surtout
pendant les troubles intérieurs qui désolèrent le
pays. La maison d'Autriche, qui attachait une très-
grande importance à la possession de la Franche-
Comté, avait confié la garde du château de Champlitte au sire de Dampierre, seigneur de Plancy. Ce
brave officier se défendit contre toutes les attaques
des Français qui, il faut bien le dire, ne jouissaient

pas de l'estime des Francs-Comtois, en général bien plus dévoués à la maison hispano-autrichienne, dont la domination était, pour eux, douce et paternelle.

Après le traité de Nimègue, lorsque toute la contrée eut été réunie pour toujours à la France, le château de Champlitte fut considéré comme château royal et eut pour gouverneur Claude de La Baume, seigneur de la Roche du Vanel.

On a fait beaucoup de légendes sur ce château; et la plupart de ces récits se rapportent aux invasions des Bourguignons, des Sarrasins, des Normands, des Anglais, des Autrichiens et des Espagnols, qui ont été successivement maîtres de ce pays, après l'avoir successivement couvert de ruines.

Ainsi, une de ces légendes est racontée en ces termes : « Les Sarrasins, qui venaient de piller la ville de Gray, s'étaient arrêtés devant Champlitte, dont le château semblait défier leur rage. Moabeth, leur chef, résolut de s'en rendre maître au moyen d'un coup de main qu'il devait tenter pendant la nuit. C'était la veille de la Chandeleur.

« Ce jour-là, le château n'était gardé que par une vingtaine de gens d'armes et par la dame Claudine châtelaine, au lieu et place du sire Robert de Champlitte, son époux et maître, en tournée de voyage. La jeune châtelaine, apprenant que les mécréants se proposaient de faire nuitamment un assaut à son castel, rassembla ses vassaux : « Or sus, mes braves, « leur dit-elle, vous savez que les Sarrasins se dis- « posent de nous attaquer. Nous saurons nous dé- « fendre, n'est-il pas vrai? Comptez sur moi comme « je puis compter sur vous. » *Plus rien n'ajouta à sa harangue la gente châtelaine*, dit Froissart.

« Et lorsque pendant la nuit obscure les Sarrasins se présentèrent devant les portes du château qu'ils croyaient mal gardées, ils y trouvèrent les hommes de la garnison commandés par la châtelaine en per-sonne, qui, armée de la massue, fit une sortie contre les mécréants et tua de sa main leur chef Moabeth.

« Cet acte de courage effraya les Sarrasins qui, privés de leur chef, *se desbandèrent* ; ainsi, le château de Champlitte fut délivré du pillage et de la des-truction par le courage de la jeune châtelaine. A l'ar-rivée de son époux, seigneur et maître, ce dernier, en souvenir de cette délivrance, donna le nom de *Claudine* à la porte nord-est du château, celle-là même d'où les Sarrasins avaient été repoussés. »

La poésie est venue se joindre à la légende pour célébrer le château de Champlitte. Nous citerons les vers suivants, empruntés au recueil de Favyn, sur l'origine des vieux châteaux de France :

> Au sommet de cette colline
> Où coule l'onde du Salon,

Champlitte-le-Château domine,
Comme le roi de l'horizon.
Partout on voit sur ses murailles,
Sur ses portes, sur ses créneaux,
Les traces du fer des batailles,
Et ses fossés sont des tombeaux;
Car l'ennemi dans sa fuite
N'a pu revenir sur ses pas,
On trouvait toujours le trépas
Devant le château de Champlitte!

On y conserve encore une vieille pierre portant l'inscription suivante, qui revendique pour les Vergy de Champlitte l'authenticité du drame dont la malheureuse Gabrielle fut l'héroïne :

Céans ès Chastel de Chanite
Gente Gabrielle de Vergy
Nacquit, aima le preux Coucy,
Puis, par un cruel époux conduite
En la tour d'Autrey, près icy,
Trop bien en savons tous la suite.

C'était, au reste, une opinion généralement reçue parmi les hommes de guerre, de considérer ce château comme imprenable. Nous avons déjà fait observer qu'on en avait utilisé une partie pour en faire un hôtel de ville et une école. La partie ancienne qui subsiste encore est, pour nous, une précieuse relique qui nous rappelle l'histoire des temps passés. Elle se compose des restes de tours et de murs d'enceinte. On remarque en outre, comme monument du passé, le clocher de la vieille église, tour angulaire de 80 mètres de hauteur, avec tourelle en cul-de-lampe et dôme surmonté d'une croix en fer.

III

La petite ville de Champlitte n'en est pas moins restée une localité très-importante de l'arrondissement de Gray, et ses environs sont considérés comme dignes d'être signalés sous bien de rapports.

Nous citerons, à ce sujet : le langage parlé dans le pays ; — Margilley, petite localité, patrie de Laire et où la famille de Toulongeon avait commencé à jeter les fondations d'un château ; — enfin, les mœurs et coutumes des habitants de ce canton.

Ce qui est digne de remarque, dans la Haute-

Saône, c'est la grande variété de ses patois, les nuances notables qui existent entre eux, au point d'être parfaitement distincts de commune à commune. Cette différence dans le langage tient essentiellement à la différence des mœurs, aux traces qu'ont laissées telle ou telle conquête, enfin, aux relations diverses que les habitants de telle circonscription ont eues, relativement à telle autre circonscription.

Or, si nous comparons les patois de Champagney, de Vauvillers et du canton de Vesoul, de celui de Champlitte et des habitants de ce canton, nous trouvons que celui-ci se rapproche plus de la pureté de la langue française que les trois autres. Que conclure de cela? Que l'influence française a réagi plus puissamment sur ce canton que sur les autres, où les éléments des langues étrangères semblent y dominer d'une manière absolue. Ainsi, des mots espagnols, anglais, allemands se font remarquer dans les idiomes de Champagney, de Vauvilliers et de Vesoul, tandis qu'on n'en trouve point de trace dans celui de Champlitte. Nous allons en donner un exemple emprunté à la parabole de l'*Enfant prodigue*, traduite dans ce patois :

« Et son fils l'y diso : Mon père, j'ei péche conte
« le ciel et conte vous, et y ne seu pu daigne d'être
« aipellai vote gasson.

« Tout de suite le pero ai dit ai ses vauleus : Aip-
« potai vite sai premaire reube et l'y mettai et mettai
« l'y aiteu cine bague au do, et des souiers ai ses
« pieds.

« Aimenai aiteu le viau gras, et tuon-le, deignons
« et feson de bons fricaus.

« Ai caose que mon gasson que voici aitot mo et
« l'a ressuscitai, et l'aito paidu et l'a raitreuvai. »

Nous croyons inutile de mettre à côté de ce patois
celui des autres cantons et d'en montrer la différence ;
il n'est aucun de nos lecteurs du pays qui ne puisse
le faire. Nous tenons seulement à constater qu'entre
le patois de Champlitte et la langue française, il
existe une très-grande affinité, laquelle n'existe pas
entre les autres patois de l'arrondissement ; ce qui
corrobore l'opinion émise plus haut, que la conquête
des Français, venant se rendre maîtres de la Franche-
Comté, a dû trouver moins de résistance dans le
canton de Champlitte, où les conquérants avaient
conservé ou entretenu plus de relations. Aussi les
habitants de ce canton ont-ils accepté franchement
notre domination, lorsqu'ils sont entrés dans la
grande famille française.

Le village de Margilley, situé sur une élévation,
et le château de Champlitte eurent surtout beaucoup
à souffrir de la résistance de la Franche-Comté aux
efforts de Richelieu qui, pendant dix années, y con-

tinua une guerre de destruction et de pillage. Après Condé, ce furent Turenne, Villeroy, Longueville, et ce prince de sanglante mémoire, Bernard de Saxe-Weymar, le fléau du bailliage d'Amont, pillant, rançonnant, dévastant tout sur son passage.

Ce prince destructeur ne s'attaquait qu'aux petites places, et c'est ainsi qu'il prit Jouvelle, Jussey, Margilley, Champlitte, Pierrecourt, etc. ; et comme les habitants de ces localités avaient tué quelques hommes de son avant-garde, il livra les habitations aux flammes et passa la population au fil de l'épée.

Le petit village de *Margilley*, peu distant de Champlitte, et qui comprend le moulin de la Barbe, sur le Salon, les baraques de Grolières, la ferme de Rougemont, a eu aussi son importance relative au point de vue historique. Il est fait mention de lui dans le dénombrement des terres dont se composait le duché de Bourgogne en 1287, sous Othon IV, comte de Bourgogne. En 1544, lorsque Charles-Quint fit de Gray le siége d'un bailliage composé de cent quatre-vingt-quatre villages, celui de *Margilley* était du nombre.

Ainsi, son origine ancienne est incontestable. Quoique son peu d'importance ne lui ait pas permis d'avoir un rôle administratif caractérisé, *Margilley* a été choisi par la maison de Toulongeon comme un endroit de prédilection, puisque le marquis de Toulongeon avait commencé d'y faire bâtir un château qui est resté inachevé, ce qui n'en témoigne pas moins en faveur de sa mémoire. De plus, *Margilley* a été la patrie d'un savant très-distingué, et à ce titre, il mérite une mention toute particulière de notre part.

Laire (François-Xavier), l'un des plus célèbres bibliographes du xviiie siècle, est né le 10 novembre 1738, à Margilley, près Champlitte. Quelques biographes le font naître, à tort, à Vadans, village près de Gray. L'erreur provient de ce qu'il fut élevé très-jeune par son oncle curé de *Vadans* et plus tard d'une paroisse voisine ; et comme il lui apprit les premiers éléments du latin, et qu'il l'envoya ensuite étudier à Dôle, on a cru qu'il était natif de Vadans. Robert de Herstein, dans sa *Biographie des hommes illustres du* xviiie *siècle*, dit positivement que *Laire* était natif de *Margilley, petit village près de Champlitte.*

Dès qu'il eut terminé ses études, l'amour des lettres et de la retraite détermina en partie sa vocation pour la vie religieuse, et il entra dans l'ordre des Minimes. A Rome, où il visita les bibliothèques publiques, s'attachant à décrire les anciennes éditions qu'elles renfermaient, il mérita l'estime des savants et la bienveillance du prince de Salm-Salm, qui le nomma son bibliothécaire.

Le P. Laire parcourut ensuite les principales villes

d'Italie : Naples, Florence, Venise, et vint à Dôle pour mettre en ordre de nombreux matériaux qu'il avait ramassés. Il fit plusieurs autres voyages en Italie avec le cardinal de Loménie de Brienne, qui l'affectionnait d'une manière toute particulière, et mérita l'estime du pape Pie VI qui, en 1788, lui offrit la place de conservateur à la bibliothèque du Vatican. De son côté, le grand-duc Léopold lui écrivit pour l'attirer à Vienne; mais il aima mieux rentrer en France, au moment où éclata précisément la Révolution de 1789.

En 1791, il fut chargé de réunir à Sens les livres qui avaient appartenu aux congrégations religieuses supprimées, et son mémoire, à ce sujet, adressé au gouvernement, est très-remarquable sous tous les rapports. Lors de l'organisation des écoles centrales, Laire fut nommé bibliothécaire du département de l'Yonne, et vint fixer sa résidence à Auxerre. Il se disposait alors à faire jouir le public du fruit de ses recherches, lorsqu'il fut enlevé aux lettres et à l'amitié, le 27 mars 1801, à l'âge de 63 ans.

Nous citerons de lui les ouvrages suivants :

Le premier de ses écrits est le *Spécimen historique de la typographie romaine au XVᵉ siècle*, publié à Rome en 1778. Il est composé en latin et forme un livre très-curieux, fort savant, avec des notes critiques et littéraires.

Le second a pour titre : *Dissertation sur l'origine et le progrès de l'imprimerie en Franche-Comté pendant le XVe siècle*, imprimé à Dôle en 1785. Ce petit ouvrage, ne formant que 58 pages, est curieux en ce sens qu'il nous fait connaître à quelle époque l'imprimerie a été importée à Besançon et à Dôle. C'est, au reste, à Salins que la première presse fut établie en 1485, par un nommé Dupré ou Desprets.

Le troisième ouvrage de Laire est intitulé : *Série des éditions des Aldes*, écrit en italien et imprimé à Pise en 1790. M. Renouard a complété ce travail d'érudition par ses *Annales des Aldes*, en lui faisant beaucoup d'emprunts, tout en le critiquant d'une manière trop sévère.

Le quatrième ouvrage est un catalogue des anciennes éditions que Laire avait rassemblées, et qui, écrit en latin, avait pour titre : *Index des livres publiés depuis l'invention de l'imprimerie jusqu'à l'année 1500;* il fut imprimé à Sens, en 1791.

La cinquième publication de notre savant est : *Recherches et observations historiques sur un monument qui existait dans l'église de Sens.* C'est la description du tombeau du chancelier Duprat; elle a paru dans le *Magasin encyclopédique*.

Enfin, dans le même *Magasin encyclopédique*, Laire a publié un travail qu'il intitule : *Lettre sur des monuments antiques trouvés dans le département de l'Yonne.* Il y rend compte d'une fouille faite près d'Auxerre, dans laquelle on découvrit les restes d'un atelier monétaire.

Laire a laissé en outre plusieurs manuscrits qui n'ont pas été publiés, entre autres, un qui a pour titre : *Histoire des grandes compagnies qui ravagèrent la France en* 1355. L'éloge de notre savant compatriote a été fait par M. Grappin ; on peut le lire dans le *Recueil de l'Académie de Besançon,* année 1816.

Les habitants du canton de *Champlitte* ont été moins mêlés avec les conquérants francs et bourguignons que ceux d'autres parties de la France ; aussi ont-ils conservé une physionomie particulière. Ils ont gardé le courage de leurs ancêtres et ont transporté à la France les anciens sentiments d'affection qui les attachaient à leurs suzerains. Ils sont économes et intéressés à la fois, mais ils sont hospitaliers. Ils diffèrent des autres habitants de la Franche-Comté en ce que leur manière de vivre est simple et régulière; les mœurs des familles sont pures et leur nourriture frugale. C'est là un hommage à leur rendre.

Le département de la Haute-Saône renferme, comme on sait, des gouffres naturels, dont les uns reçoivent, sans jamais se remplir, les eaux de divers ruisseaux, et les autres épanchent, soit incessamment, soit dans des circonstances données, des masses d'eau d'un volume considérable.

Parmi les premiers, on cite le gouffre de *Perfonds de Vaux*, celui de *Quenoche*, le *creux d'Hyet*, etc.; — parmi les seconds, le *trou de la Roche*, à Eche-noz, le *Pouzelot*, à Hugier, et la source du *Jaleux*. Cette source, formidable et singulière par son immergence, est située entre le village de *Champ-litte-la-Ville* et *Margilley*, au bas d'un talus distant du chemin d'environ 60 mètres. L'eau qui s'échappe de cette source, dont l'ouverture est de 4 ou 5 mètres de diamètre et de 20 mètres de profondeur dans le rocher, est d'un volume considérable, et son intermittence présente un de ces phénomènes que les géologues et les savants n'ont pu encore expliquer. Ce qui est étrange, c'est que tous les sondages entrepris pour arriver à connaître la profondeur du réservoir qui alimente la source du *Jaleux* ont été infructueux. On n'a pu encore en connaître l'extrême limite. Son eau est bleuâtre et d'un volume plus que suffisant pour alimenter, en tout temps, deux roues d'usine; elle se perd dans le Salon.

La croyance aux revenants, au farfadets, aux esprits subsiste encore non-seulement dans quelques localités du canton de *Champlitte*, mais aussi dans plusieurs autres du département, malgré les progrès de la civilisation. Nous allons en citer une preuve qui est, en même temps, un trait des mœurs des habitants du pays.

La partie du chemin qui conduit de Champlitte-la-Ville à Margilley, pendant une longueur d'environ 200 mètres, se trouve encaissée entre des rochers formant des cavités en quelques endroits et des murailles naturelles dans plusieurs autres; de sorte que ce lieu désert a excité l'imagination des habitants au point de croire que des *vierges blanches* y font leur apparition à une heure de la nuit. Ces *vierjeutes*, ou petites vierges, ne prouvent qu'une chose : c'est que la peur, dans un lieu désert, est mauvaise logicienne.

Au reste, les croyances et les superstitions sont encore si vivaces dans ces contrées, qu'il n'y a pas une grotte, pas un rocher à forme humaine, pas un gouffre, pas une cascade, qui n'ait ses traditions, son génie et son hôte naturel. On ne peut voyager sans rencontrer la fée ou la *mère Lusine* de Vadans, l'*esprit sauvage* de la vallée de Glay, la *dame verte* de Maizières, la *dame blanche* de Chamby, la cave aux loups, ou les *vierjeutes* de Champlitte-la-Ville. Les superstitions populaires y sont assez profondément enracinées. C'est encore là une preuve de la naïve croyance de nos ancêtres transmise jusqu'à nous.

I V

LA NOBLE FAMILLE DE TOULONGEON.

La petite ville de *Champlitte*, outre le château dont nous avons donné plus haut la description, en possédait un autre plus moderne, qui était habité, à l'époque de la Révolution, par le marquis de Toulongeon, seigneur du lieu, et *qui sert maintenant d'hôtel de ville.* Nous avons dit d'où provient cette erreur commise par A. Hugo.

Il est certain que la famille de Toulongeon a possédé pendant longtemps la *seigneurie* de Champlitte, qui lui était échue au moyen des alliances qu'elle avait contractées avec les maisons les plus puissantes et les plus nobles de la contrée. L'influence dont elle jouissait dans le pays était telle, qu'il était passé en proverbe, parmi les habitants, pour affirmer une chose, ce dicton populaire : « Au nom du seigneur de Toulongeon aussi puissant que Dieu ; si pû ne passe. »

Nous n'entrerons point dans les détails de l'antique origine de la famille de Toulongeon ; ce serait dépasser les bornes de cette notice. Nous avons réservé ces détails pour un autre ouvrage que nous espérons pouvoir publier un jour [1].

Disons seulement qu'en 1419 le maréchal Antoine de Toulongeon, après avoir combattu vaillamment dans les rangs de l'armée bourguignonne, fut fait prisonnier à la bataille de la Bussière. C'était un rude et vaillant soldat et un chef intrépide.

En 1450, Jean de Toulongeon, seigneur de Traves, épouse Suzanne de Dampierre, seigneur de Plancy, d'Ancy-le-Franc et de Cuisy, et agrandit ainsi la puissance de sa maison. Il mourut en 1510.

En 1451, Claude de Toulongeon, seigneur de la Bastie et de Senecey, chevalier de la Toison d'Or, fut non-seulement un digne et brave chevalier, mais encore un savant d'un grand mérite et un habile

---

(1) *Généalogie de la maison de Toulongeon*, en manuscrit.

négociateur. Chargé de plusieurs missions importantes, il s'en acquitta avec gloire.

En 1502, nous voyons Claude de La Baume, seigneur de La Roche du Vanel, épouser Claudine de Toulongeon, fille de Marc de Toulongeon, seigneur de Valpont. Les alliances de cette famille se sont multipliées à cette époque : c'est là un fait important à constater.

En effet, l'influence de la maison de Toulongeon était si étendue que, de toutes parts, on cherchait à s'allier à quelqu'un de ses membres. C'est ainsi que déjà, en 1414, dame Claude de Toulongeon de Traves avait épousé Christophe de Hangest, seigneur d'Yeuville. Il est à remarquer que, dans le contrat de mariage, il est fait mention que le roi a ordonné de ne payer qu'à son mari les deniers que le gouvernement de Champagne avait fait saisir sur Claude et Tristan de Toulongeon, son père et son oncle, qui suivaient le parti du duc de Bourgogne.

A partir de la soumission du pays au roi de France, les membres de la maison de Toulongeon sont attachés à la personne du souverain et deviennent ses plus fidèles serviteurs.

On trouve, par exemple, qu'en 1564, Jacques de Vienne, comte de Camarin, dit de Toulongeon, fut fait gentilhomme de la chambre du roi et chevalier par Charles IX. Deux années après, c'est-à-dire en

1566, Claude de Clermont, comte de Toulongeon, lui succéda en cette qualité.

Il nous serait facile d'exposer ici toute la filiation de cette maison ; mais nous avons hâte d'arriver à ceux de ses descendants qui ont été nos contemporains.

Avant la Révolution de 89, la famille de Toulongeon se composait de deux membres: le marquis et le vicomte de Toulongeon ; ils étaient nés tous deux au château de Champlitte.

Le marquis de Toulongeon, l'aîné des deux frères, était maréchal de camp avant la Révolution, et fut élu député de la noblesse de Franche-Comté, aux états généraux de 1789. Après avoir signé toutes les protestations de la minorité contre les opérations de l'Assemblée nationale, il sortit de France avant la fin de la session, et rejoignit l'armée des princes. Il entra ensuite au service d'Autriche, où il devint lieutenant général, et mourut à Vienne dans les premières années de ce siècle. Il avait épousé une demoiselle d'Aubigné, dernier rejeton de la famille de ce nom, qui mourut, en 1805, dans une retraite où elle vivait, près de Fontainebleau, après avoir subi une longue détention pendant la Révolution.

Le vicomte de Toulongeon (François-Emmanuel) était né également à Champlitte, en 1748, et fut un historien et un littérateur très-distingué. Destiné, comme cadet, à l'état ecclésiastique, il étudia à Saint-Sulpice ; mais, éprouvant de la répugnance pour la théologie, il embrassa la profession des armes, tout en consacrant ses loisirs à l'étude des lettres. Partisan des principes philosophiques, le vicomte de Toulongeon eut la satisfaction d'être bien accueilli par Voltaire. Passionné pour les sciences et ami de Guibert, auteur d'un Traité de tactique militaire, il suivit tous les progrès des arts, des sciences et des lettres avec ardeur. Dessinateur habile, il peignait ou gravait à l'eau-forte et au burin de petites compositions pleines de grâce et d'intelligence. Il fut nommé colonel des chasseurs à cheval, et il aurait obtenu, sans doute, un avancement rapide s'il n'eût pas renoncé au service au moment où la guerre commença.

Lors des états provinciaux assemblés à Quingey, en 1788, il se réunit à la minorité de la noblesse pour supplier le roi d'établir l'égale répartition de l'impôt. Il publia même, à cette époque, une brochure qui a pour titre : *Principes naturels et constitutifs des assemblées nationales.* Cette brochure lui valut une très-grande popularité et le fit nommer député de la noblesse aux états généraux, avec Bureaux de Pusy.

Nous allons indiquer sommairement les propositions qu'il soutint à l'Assemblée nationale.

Le vicomte de Toulongeon, s'étant rallié au tiers-état, appuya d'abord la proposition de Broustaret, qui demandait que le monarque fût préalablement invité à sanctionner la partie de la constitution déjà décrétée. Il se montra ensuite très-chaud partisan du ministre Necker. Il fut encore un des membres de la réunion qui se formait chez le duc de La Rochefoucauld, et se plaignit amèrement, dans l'assemblée, de l'inscription de son nom sur la liste du club monarchique.

A ces sentiments, manifestés avec une ferme conviction, il faut ajouter qu'il se livra à d'utiles travaux dans cette Assemblée dont il fut plusieurs fois nommé secrétaire; il prit beaucoup de part à la nouvelle organisation de l'armée, à celle des ponts et chaussées et de l'instruction publique.

Enfin, après la session, il ne voulut accepter aucun emploi et se retira dans le Nivernais, où il possédait la terre de Sozay, seul reste de son patrimoine, et dont les revenus étaient diminués d'un tiers par la suppression des redevances féodales, suppression à laquelle il avait contribué par sa politique sage comme membre de l'Assemblée.

Retiré dans sa terre, le vicomte de Toulongeon partagea son temps entre l'étude et la pratique de l'agriculture; et, laissant à la Révolution les excès qu'il désapprouvait sans vouloir en arrêter le cours dans les réformes modérées et conformes au véritable esprit du siècle, il n'éprouva point, comme la plupart de ses collègues, les effets de la Terreur. Nommé député du département de la Nièvre, en 1802 et 1809, au Corps législatif, il accepta ce nouvel honneur sans l'avoir ambitionné, et fut nommé ensuite par l'Empereur commandeur de la Légion d'honneur.

Depuis cette époque, le vicomte de Toulongeon consacra le reste de sa vie à des travaux littéraires. En 1797, il avait remplacé Deleyre, à l'Institut, dans la classe des sciences morales, et continua d'en faire partie à sa réorganisation, en 1803. Dès lors, il en fréquenta assidûment les séances et y lut une foule de morceaux fort remarquables. Il venait de terminer la traduction des *Commentaires de César,* quand il mourut le 23 décembre 1811, à l'âge de soixante-quatre ans. Ses restes furent inhumés au cimetière du Montparnasse, où ses enfants lui firent élever un modeste monument. Quatremère de Quincy et Dupont de Nemours prononcèrent sur sa tombe deux discours qui ont été imprimés.

Voici la nomenclature des principaux ouvrages qu'a publiés M. le marquis de Toulongeon :

1° *Principes naturels et constitutifs des assemblées nationales,* imprimé à Besançon, en 1788.

2° *Pensées morales sur l'état politique des peuples en révolution,* imprimé à Besançon, en 1796, et la seconde édition, en 1802. Cet ouvrage fut traduit en allemand. « C'est, dit Dacier, l'œuvre d'un homme d'esprit et d'un grand penseur. »

3° *L'Esprit public.* C'est une espèce de journal qu'il commença à rédiger afin de calmer les partis qui divisaient alors la France, et les engager à de mutuelles concessions.

4° *Histoire de France*, depuis la Révolution de 1789. Ce livre a eu deux éditions, l'une en 1801, et l'autre en 1810. Cet ouvrage, avec cartes et plans, est recommandable par des détails militaires très-exacts.

5° *Manuel du Muséum français*, ou Description analytique et raisonnée de chaque tableau. Tous les tableaux du Musée y sont indiqués au trait par une gravure à l'eau-forte, et de plus, classés par écoles et par œuvres des grands maîtres ;

6° Les *Commentaires de César*, traduits en français, furent publiés en 1813 et réimprimés en 1825. Cette version joint le mérite de l'élégance à celui de la vérité.

Le vicomte de Toulongeon a composé plusieurs autres ouvrages, et surtout un grand nombre de Mémoires qu'on peut lire dans le *Recueil de l'Institut.* Il a laissé, en outre, beaucoup de manuscrits cités par Dacier, qui a fait son éloge dans les *Nouveaux Mémoires de l'Académie des Inscriptions*, et décrits par Grappin dans la *Notice historique* qu'il a publiée sur la vie et les ouvrages de notre savant compatriote.

Qu'il nous suffise de dire que le vicomte de Toulongeon est une des plus grandes illustrations que revendique avec orgueil, comme lui appartenant, notre petite contrée de Champlitte, et à ce titre, il méritait de clore notre modeste notice.

Le comte de Toulongeon, député du Jura au Corps Législatif, et le marquis de Toulongeon, aide de camp de l'Empereur, colonel d'état-major, commandant des chasses à tir de la Grande-Vénerie impériale, continuent aujourd'hui les nobles traditions de leur illustre famille, en ajoutant encore à l'éclat de leur nom.

PARIS. — IMPRIMÉ CHEZ BONAVENTURE ET DUCESSOIS.
55. QUAI DES GRANDS AUGUSTINS.